Impressum
Verlag: BABADADA GmbH, Nedderfeld 112 , 22529 Hamburg
Geschäftsführer / Verlagsleitung: Harald Hof
Druck: Books on Demand GmbH, In de Tarpen 42, 22848 Norderstedt

Imprint
Publisher: BABADADA GmbH, Nedderfeld 112 , 22529 Hamburg, Germany
Managing Director / Publishing direction: Harald Hof
Print: Books on Demand GmbH, In de Tarpen 42, 22848 Norderstedt, Germany

училище

škola

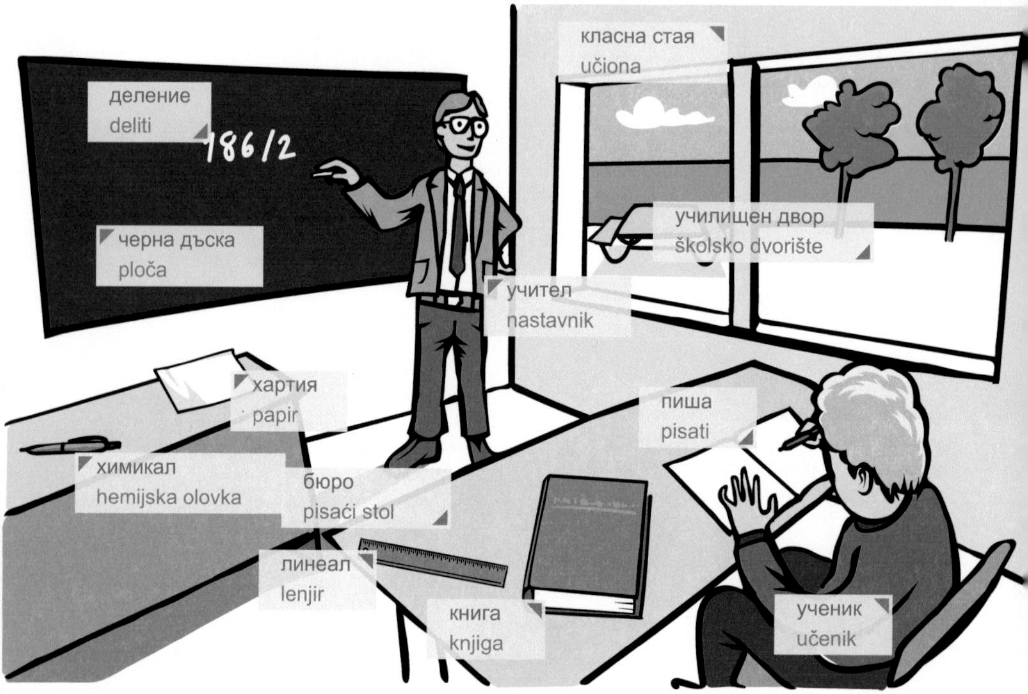
класна стая
učiona
деление
deliti
186/2
черна дъска
ploča
училищен двор
školsko dvorište
учител
nastavnik
хартия
papir
пиша
pisati
химикал
hemijska olovka
бюро
pisaći stol
линеал
lenjir
книга
knjiga
ученик
učenik

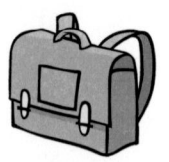

ученическа раница

torba

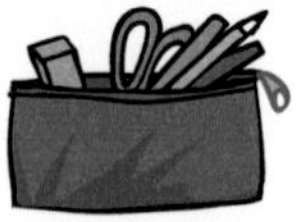

ученически несесер

pernica

молив

grafitna olovka

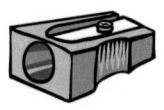

острилка за моливи

šiljilo za olovke

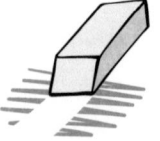

гума

gumica za brisanje

блок за рисуване

blok za crtanje

рисунка

crtež

четка

kist

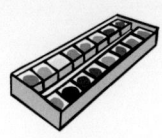

акварелни бои

kutija sa bojama

ножица

makaze

лепило

lepilo

тетрадка за упражнения

beležnica

домашна работа

domaći zadatak

число

broj

събиране

sabirati

изваждане

oduzimati

умножение

množiti

смятане

računati

буква

slovo

азбука

abeceda

дума

reč

текст

tekst

чета

čitati

тебешир

kreda

час

čas

дневник на класа

dnevnik

изпит

ispit

свидетелство

svedočanstvo

ученическа униформа

školska uniforma

образование

obrazovanje

справочник

leksikon

университет

univerzitet

микроскоп

mikroskop

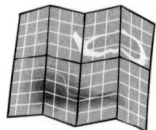

карта

karta

кошче за хартиени
отпадъци

košara za papir

пътуване
putovanje

хотел
hotel
Grand
хостел
prenoćište
ROOMS
обменно бюро
menjačnica
CHANGE
куфар
kofer
кола
auto

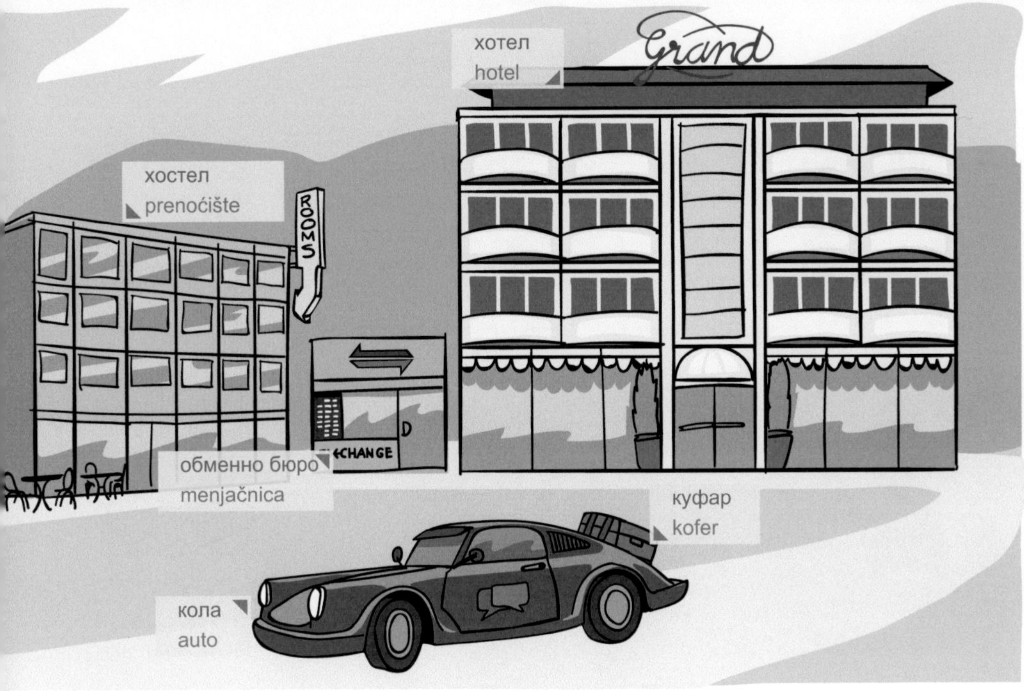

език

jezik

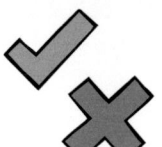

да / не

da / ne

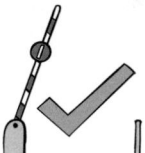

Окей

okej

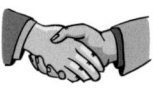

здравей

zdravo

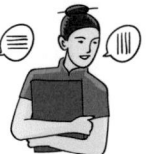

преводач

prevodilac

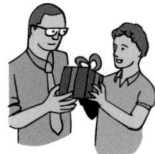

Благодаря

hvala

Колко струва…?

Koliko košta…?

Не разбирам

ne razumem

проблем

problem

Добър вечер!

dobro veče!

Добро утро!

Dobro jutro!

Лека нощ!

Laku noć!

довиждане

doviđenja

посока

smer

багаж

prtljaga

пътна чанта

torba

раница

ruksak

посетител

gost

стая

soba

спален чувал

vreća za spavanje

палатка

šator

туристическа информация

turističke informacije

плаж

plaža

кредитна карта

kreditna kartica

закуска

doručak

обед

ručak

вечеря

večera

билет

karta za vožnju

асансьор

lift

пощенска марка

poštanska markica

граница

granica

митница

carina

посолство

ambasada

виза

viza

паспорт

pasoš

транспорт

transport

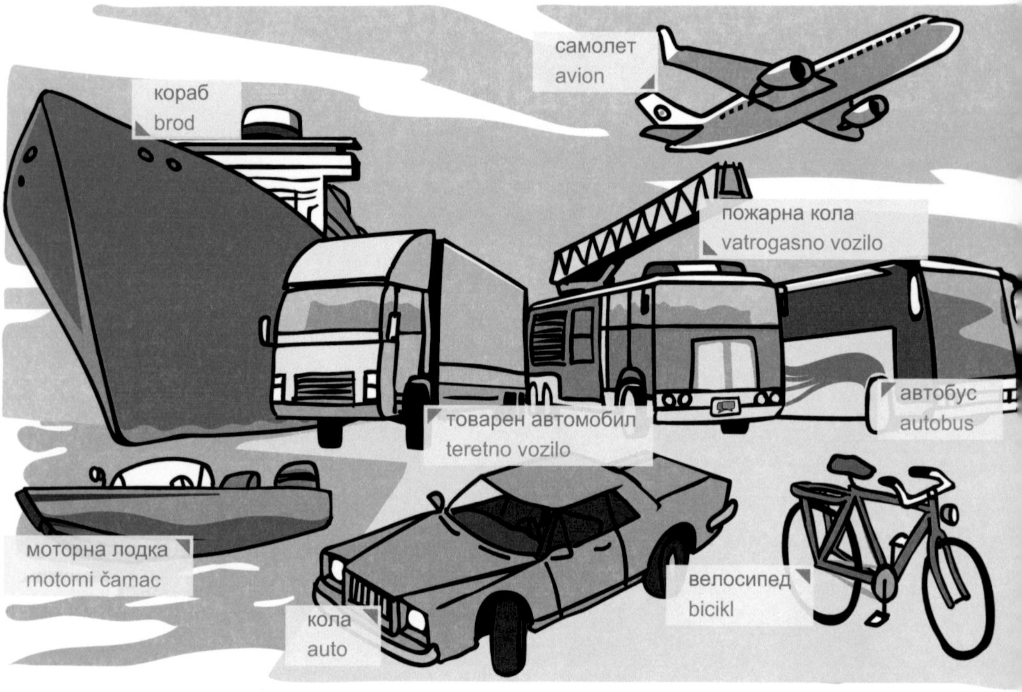
самолет
avion
кораб
brod
пожарна кола
vatrogasno vozilo
автобус
autobus
товарен автомобил
teretno vozilo
моторна лодка
motorni čamac
велосипед
bicikl
кола
auto

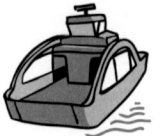

фериботс
trajekt

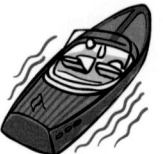

лодка
čamac

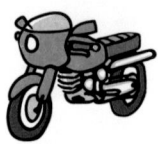

мотоциклет
motocikl

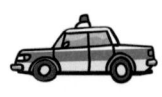

полицейска кола
policijski auto

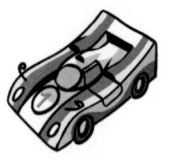

състезателна кола
trkaći auto

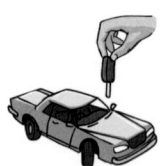

кола под наем
iznajmljeno auto

каршеринг

delenje automobila

автомобил от "Пътна помощ"

vučno vozilo

сметовоз

vozilo za odvoz smeća

двигател

motor

бензин

benzin

бензиностанция

benzinska stanica

пътен знак

saobraćajni znak

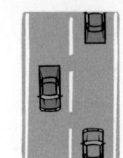

улично движение

saobraćaj

задръстване

zastoj

паркинг

parkiralište

гара

železnička stanica

релси

šine

влак

voz

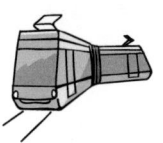

трамвай

tramvaj

вагон

vagon

хеликоптер

helikopter

аерогара

aerodrom

кула

kula

пасажер

putnik

контейнер

kontejner

кашон

karton

ръчна количка

kolica

кошница

korpa

излитам / приземявам се

uzleteti / sleteti

град

grad

село

selo

градски център

centar grada

къща

kuća

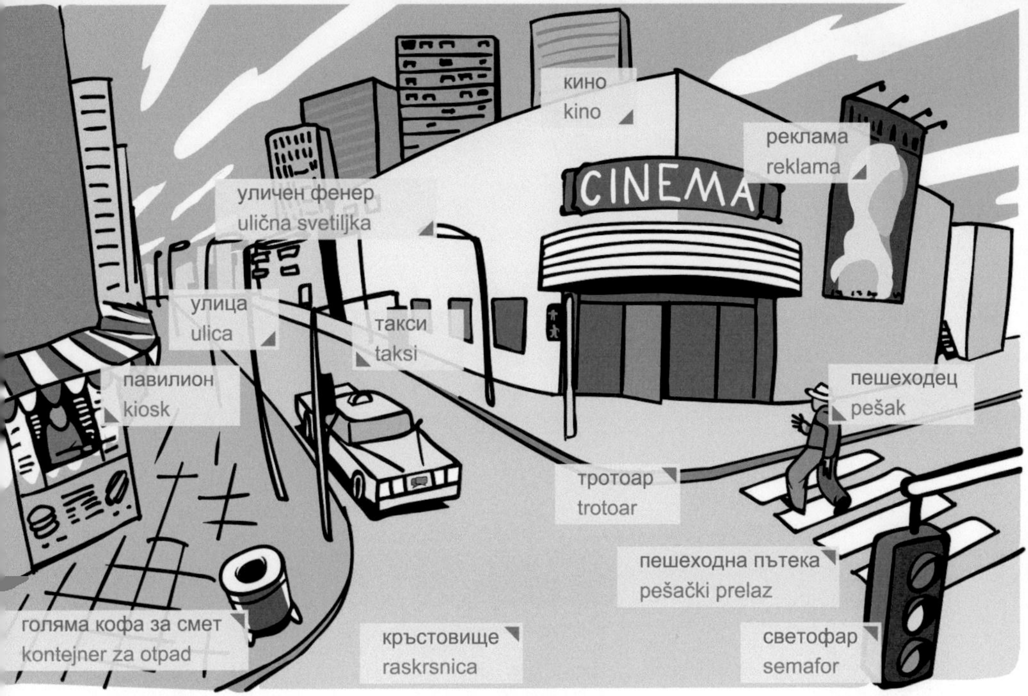

кино / kino

реклама / reklama

уличен фенер / ulična svetiljka

улица / ulica

такси / taksi

павилион / kiosk

пешеходец / pešak

CINEMA

тротоар / trotoar

пешеходна пътека / pešački prelaz

голяма кофа за смет / kontejner za otpad

кръстовище / raskrsnica

светофар / semafor

хижа

koliba

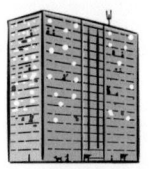

жилище

stan

гара

železnička stanica

кметство

većnica

музей

muzej

училище

škola

университет

univerzitet

банка

banka

болница

bolnica

хотел

hotel

аптека

apoteka

офис

kancelarija

книжарница

knjižara

магазин за цветя

prodavnica

магазин за цветя

cvećara

супермаркет

supermarket

пазар

trg

универсален магазин

robna kuća

търговец на риба

ribarnica

търговски център

trgovački centar

пристанище

luka

парк

park

пейка

klupa

мост

most

стълба

stepenice

метро

podzemna železnica

тунел

tunel

автобусна спирка

autobuska stanica

бар

bar

ресторант

restoran

пощенска кутия

poštansko sanduče

улична табелка

ulični znak

часовник за паркинг престой

parkirni automat

зоологическа градина

zoološki vrt

плувен басейн

bazen

джамия

džamija

селски двор

seosko gazdinstvo

замърсяване на околната среда

zagađenje okoline

гробище

groblje

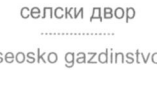

църква

crkva

детска площадка

igralište

храм

hram

пейзаж

pejsaž

листо
list

пътепоказател
putokaz

път
put

ливада
livada

камък
kamen

дърво
drvo

пътешественик
šetač

река
reka

трева
trava

цвете
cvijet

долина

dolina

планина

planina

море

jezero

гора

šuma

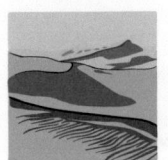

пустиня

pustinja

вулкан

vulkan

замък

dvorac

дъга

duga

гъба

gljiva

палма

palma

комар

moskito

муха

muva

мравка

mrav

пчела

pčela

паяк

pauk

бръмбар

buba

жаба

žaba

катеричка

veverica

таралеж

jež

заек

zec

кукумявка

sova

птица

ptica

лебед

labud

диво прасе

divlja svinja

елен

jelen

лос

los

бент

nasip

вятърна турбина

vetrenjača

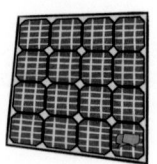

соларен модул

solarna ploča

климат

klima

ресторант

restoran

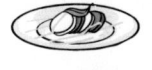

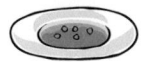

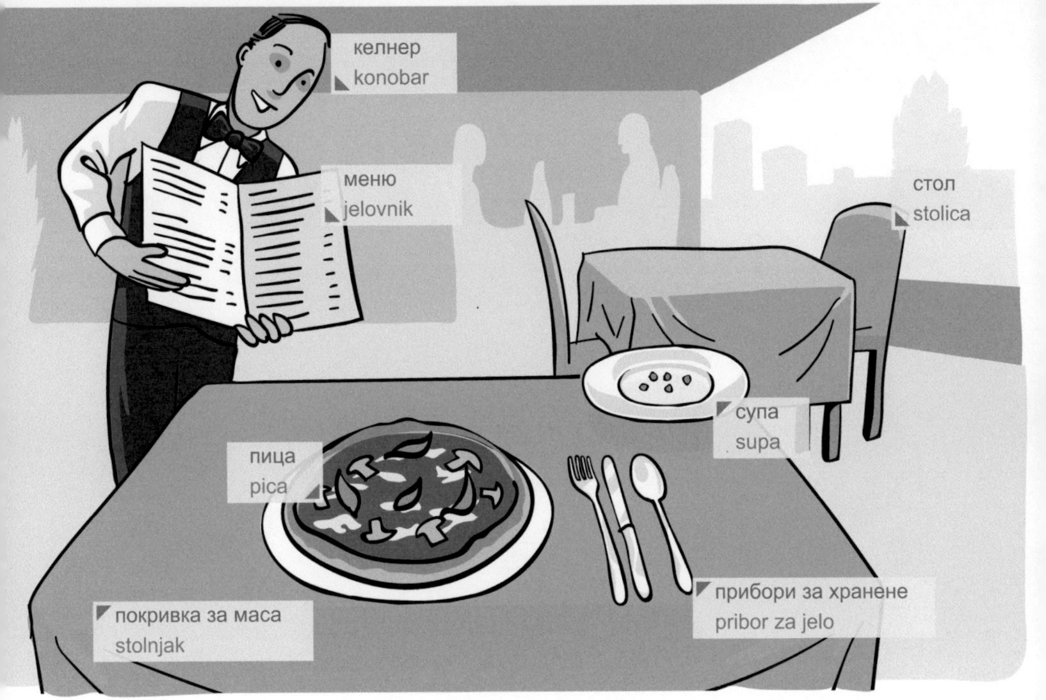

келнер
konobar
меню
jelovnik
стол
stolica
супа
supa
пица
pica
прибори за хранене
pribor za jelo
покривка за маса
stolnjak

предястие

predjelo

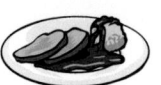

основно ястие

glavno jelo

десерт

desert

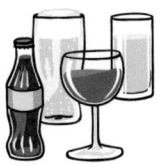

напитки

napitci

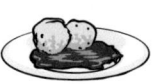

ядене

jelo

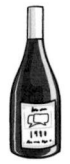

бутилка

flaša

бързо хранене

brza hrana

улична храна

imbis hrana

кана за чай

čajnik

кутия за захар

doza za šećer

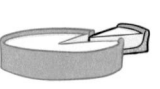

порция

porcija

еспресо машина

aparat za espresso

висок детски стол

visoka stolica

сметка

račun

табла

poslužavnik

ножица за нокти

nož

вилица

viljuška

лъжица

kašika

чаена лъжичка

čajna kašika

салфетка

salveta

стъклена чаша

čaša

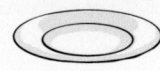

чиния

tanjir

чиния за супа

tanjir za supu

чинийка

tanjirić

сос

sos

солница

soljenka

мелничка за черен пипер

mlin za biber

оцет

sirće

олио

ulje

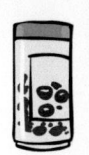

подправки

začini

кетчуп

kečap

горчица

senf

майонеза

majoneza

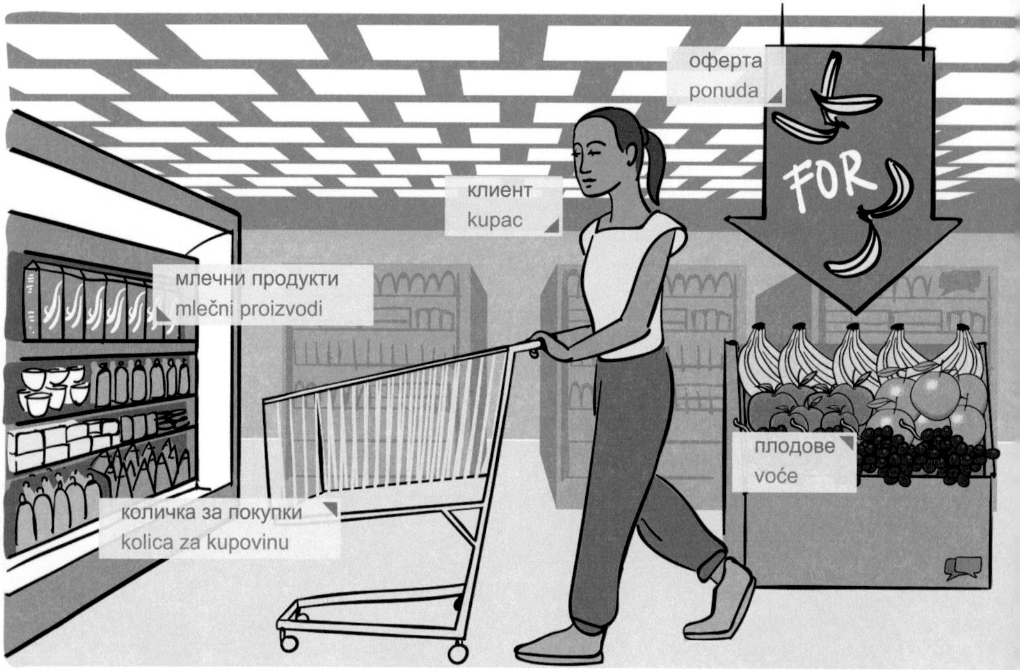

оферта
ponuda
FOR
клиент
kupac
млечни продукти
mlečni proizvodi
плодове
voće
количка за покупки
kolica za kupovinu

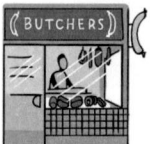

BUTCHERS

кланица

mesnica

BAKERY

хлебарница

pekara

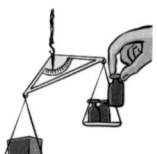

тегля

vagati

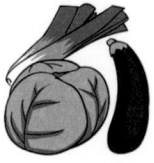

зеленчуци

povrće

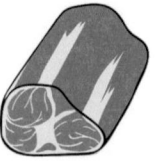

месо

meso

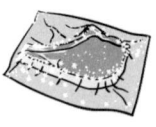

дълбоко замразена храна

smrznuta hrana

нарязан колбас или сирене

narezak

консерви

konzerve

перилен препарат

sredstvo za pranje

лакомства

slatkiši

домакински изделия

artikli za domaćinstvo

почистващи препарати

sredstva za čišćenje

продавачка

prodavačica

каса

blagajna

касиер

blagajnik

списък на покупките

lista za kupovinu

работно време

vreme rada

портфейл

novčanik

кредитна карта

kreditna kartica

чанта

torba

пластмасова торба

plastična kesa

вода

voda

сок

sok

мляко

mleko

кола

kola

вино

vino

бира

pivo

алкохол

alkohol

какао

kakao

чай

čaj

кафе машина

kava

еспресо

espresso

капучино

cappuccino

банан

banana

ябълка

jabuka

портокал

narandža

пъпеш

lubenica

лимон

limun

морков

šargarepa

чесън

beli luk

бамбук

bambus

лук

luk

гъба

gljiva

ядки

orašasti plodovi

макарони

rezanci

спагети

špagete

ориз

riža

салата

salata

пържени картофи

pomfrit

печени картофи

pečeni krumpir

пица

pica

хамбургер

hamburger

сандвич

sendvič

шницел

šnicla

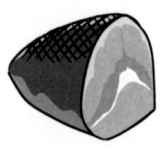

шунка

šunka

траен колбас

salama

салам

kobasica

пиле

kokoš

печено

pečenje

риба

riba

овесени ядки

zobene pahuljice

мюсли

musli

корнфлейкс

kukuruzne pahuljice

брашно

brašno

кроасан

kroasan

хлебчета

pecivo

хляб

hleb

препечена филийка

toast

бисквити

keksi

масло

maslac

извара

sveži sir

сладкиш

kolač

яйце

jaje

яйца на очи

jaje na oko

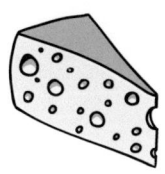

сирене

sir

сладолед
....
sladoled

захар
....
šećer

мед
....
med

мармалад
....
marmelada

нуга крем
....
nugat krema

къри
....
kari

селски двор
seosko gazdinstvo

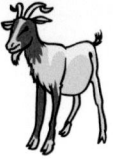

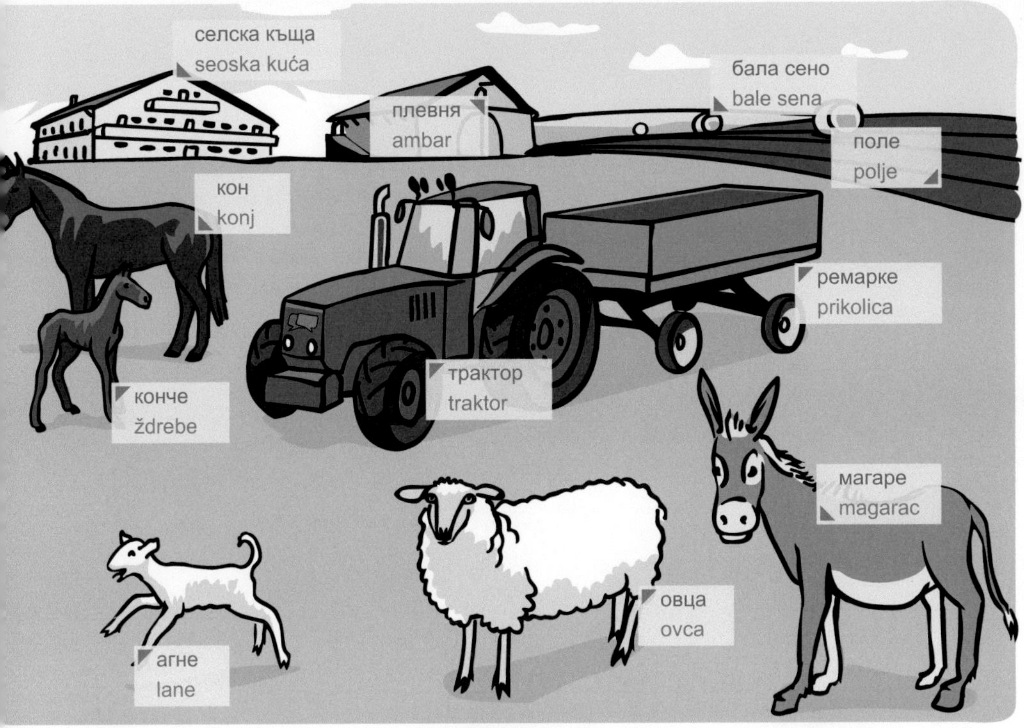

селска къща
seoska kuća
плевня
ambar
бала сено
bale sena
поле
polje
кон
konj
ремарке
prikolica
трактор
traktor
конче
ždrebe
магаре
magarac
овца
ovca
агне
lane

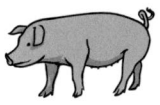

коза

koza

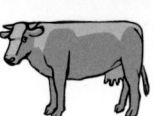

крава

krava

теле

tele

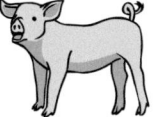

свиня

svinja

прасенце

prase

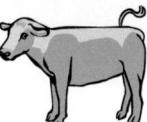

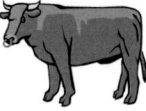

бик

bik

гъска

guska

патица

patka

пиленце

pilići

кокошка

kokoš

петел

petao

плъх

pacov

котка

mačka

мишка

miš

вол

vol

куче

pas

кучешка колиба

kućica za psa

градински маркуч

vrtno crevo

лейка

kanta za polivanje

коса

kosa

плуг

plug

сърп

srp

мотика

motika

вила за тор

viljuška za đubrivo

брадва

sekira

ръчна количка

tačke

корито

korito

съд за мляко

posuda za mleko

чувал

vreća

ограда

ograda

обор

štala

парник

staklenik

земя

zemlja

сеитба

seme

тор

đubrivo

комбайн

kombajn

селски двор - seosko gazdinstvo

29

жъна

žeti

реколта

žetva

ямс

jams začin

жито

pšenica

соя

soja

картоф

krumpir

царевица

kukuruz

рапица

uljana repica

овощно дърво

voćka

маниока

gomolj manioke

зърнени храни

žitarice

къща
kuća

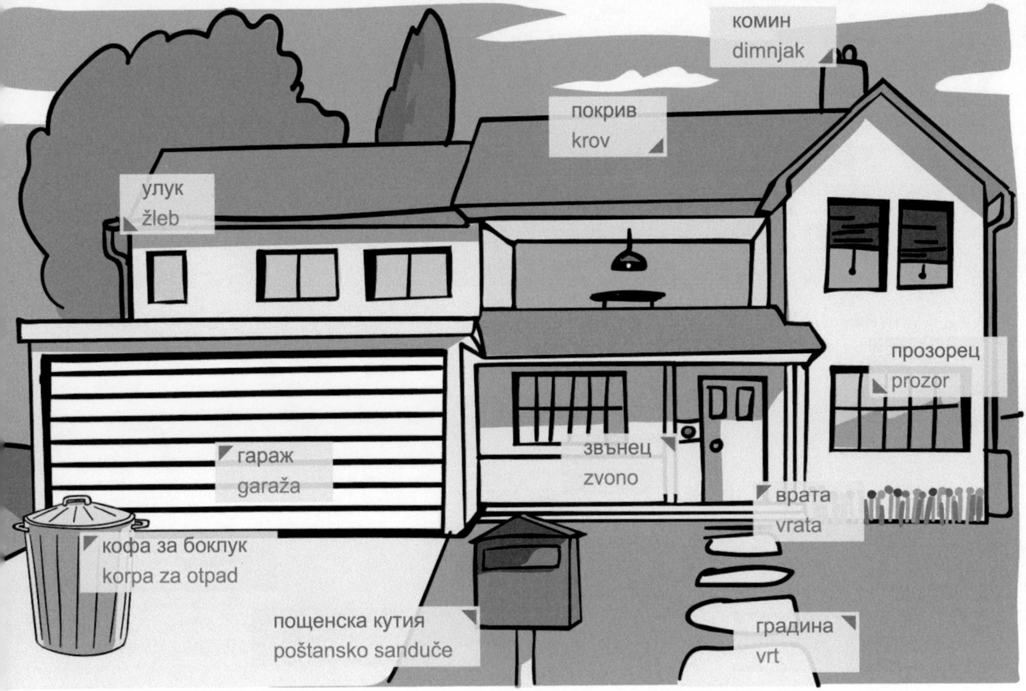
комин
dimnjak
покрив
krov
улук
žleb
прозорец
prozor
гараж
garaža
звънец
zvono
врата
vrata
кофа за боклук
korpa za otpad
пощенска кутия
poštansko sanduče
градина
vrt

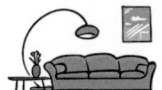

всекидневна

dnevna soba

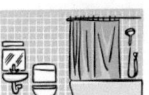

баня

kupaonica

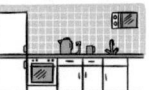

кухня

kuhinja

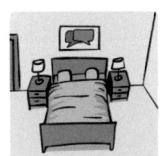

спалня

spavaća soba

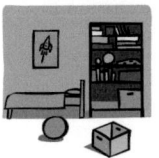

детска стая

dečija soba

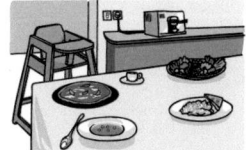

трапезария

trpezarija

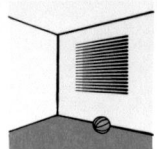

под

pod

стена

zid

таван

strop

изба

podrum

сауна

sauna

балкон

balkon

тераса

terasa

плувен басейн

bazen

косачка

kosilica za travu

спално бельо

posteljina za krevet

покривка за легло

deka za krevet

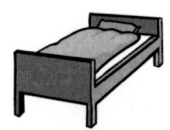

легло

krevet

метла

metla

кофа

kanta

електрически ключ

prekidač

всекидневна

dnevna soba

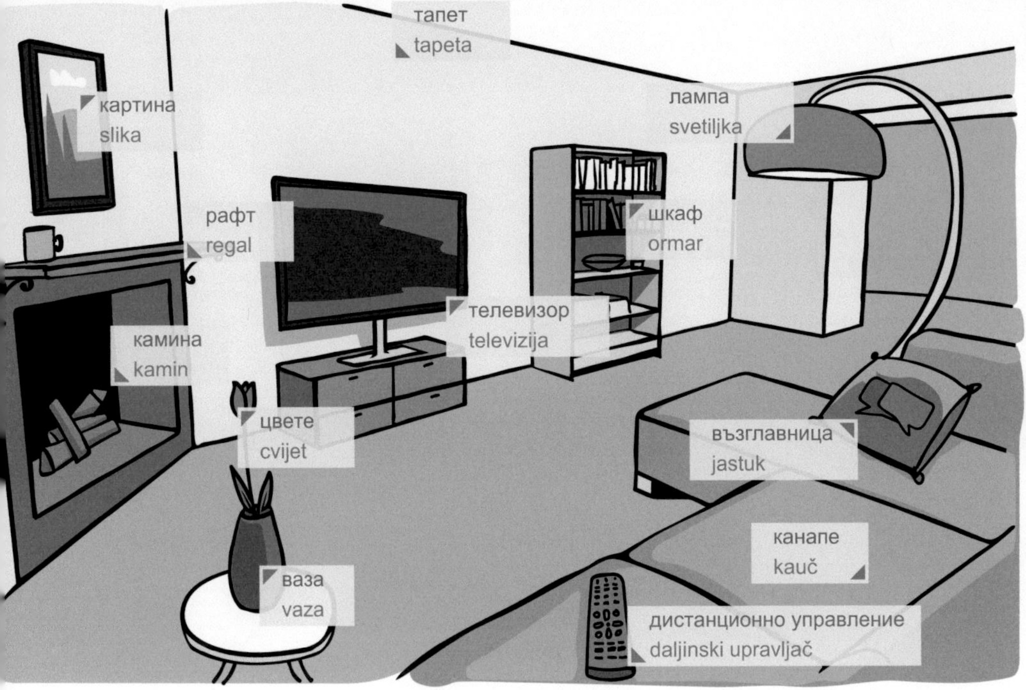

тапет
tapeta
картина
slika
лампа
svetiljka
рафт
regal
шкаф
ormar
телевизор
televizija
камина
kamin
цвете
cvijet
възглавница
jastuk
канапе
kauč
ваза
vaza
дистанционно управление
daljinski upravljač

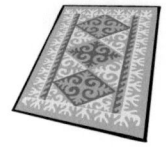

килим

tepih

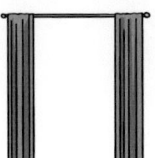

завеса

zavesa

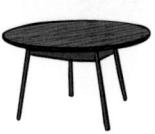

маса

sto

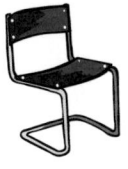

стол

stolica

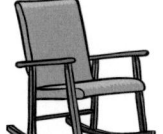

люлеещ се стол

stolica za njihanje

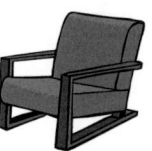

кресло

fotelja

книга

knjiga

одеяло

deka

декорация

dekoracija

дърва за отопление

drvo za ogrev

филм

film

стерео уредба

hi-fi uređaj

ключ

ključ

вестник

novine

живопис

slika na platnu

постер

poster

радио

radio

бележник

blok za pisanje

прахосмукачка

usisivač

кактус

kaktus

свещ

sveća

кухня
kuhinja

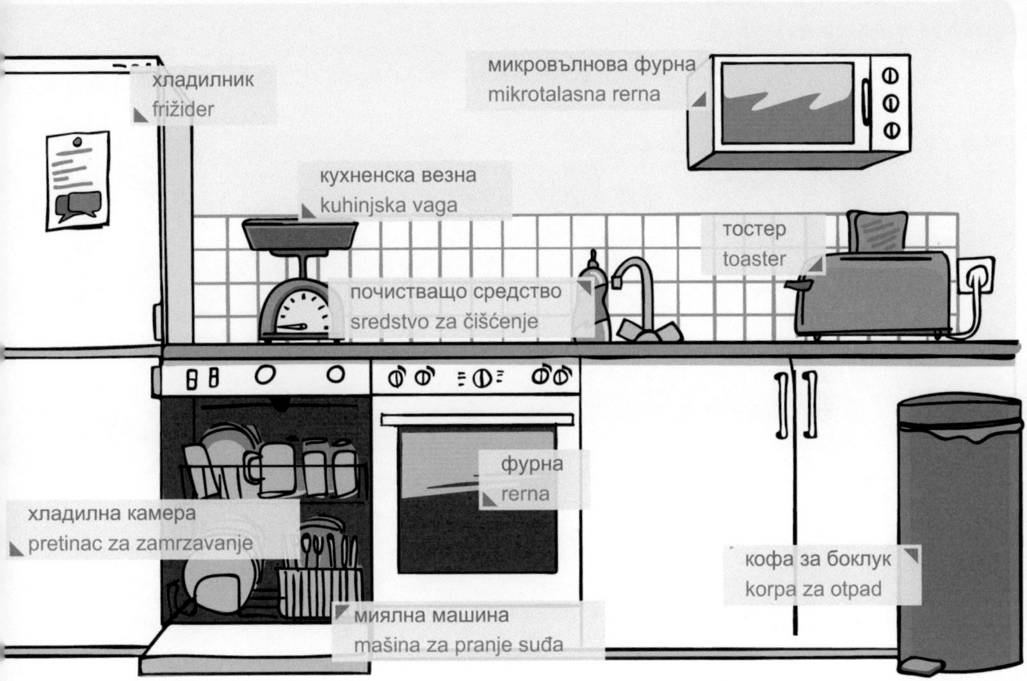

хладилник
frižider
микровълнова фурна
mikrotalasna rerna
кухненска везна
kuhinjska vaga
тостер
toaster
почистващо средство
sredstvo za čišćenje
фурна
rerna
хладилна камера
pretinac za zamrzavanje
кофа за боклук
korpa za otpad
миялна машина
mašina za pranje suđa

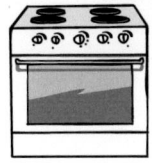

готварска печка

šporet

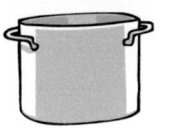

тенджера

lonac

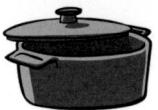

желязна тенджера

gvozdeni lonac

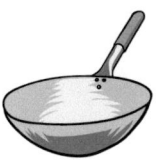

уок / кадаи

wok / kadai

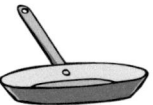

тиган

tava

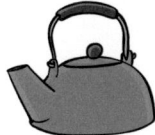

кана за затопляне на вода

kuvalo za vodu

уред за готвене на пара

kuvalo na paru

тава за печене

lim za pečenje

съдове

posuđe

чаша

čaša

купа

posuda

клечки за хранене

štapići za jelo

черпак

kutlača

лопатка за тиган

lopatica

тел за разбиване (на яйца, белтъци)

penjača

кошница за варене

sito za kuvanje

гевгир

sito

ренде

ribež

хаван

mužar

барбекю

roštilj

огнище

ognjište

дъска

daska

точилка

oklagija

тирбушон

vadičep

кутия

konzerva

отварачка за консерви

otvarač konzervi

кухненска ръкохватка

krpa za lonac

мивка

sudoper

четка

četka

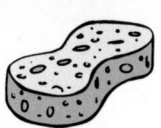

гъба

sunđer

миксер

mikser

фризер

zamrzivač

бебешко шише

flašica za bebe

воден кран

slavina za vodu

баня

kupaonica

душ
tuš
отопление
grejanje
хавлиена кърпа
peškir
завеса за баня
zavesa za tuš
шампоан за вана
penušava kupka
вана
kada
стъклена чаша
čaša
перална машина
mašina za pranje veša
воден кран
slavina za vodu
плочки
pločice
гърне
tuta
мивка
sudoper

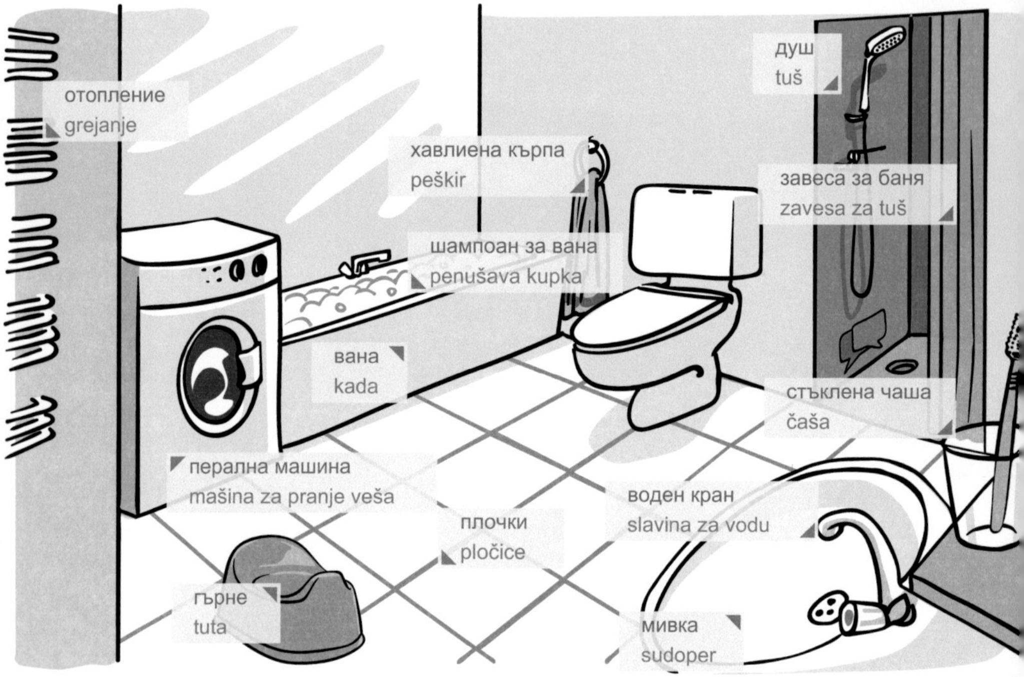

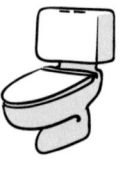

тоалетна

toalet

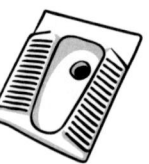

клекало

čučavac

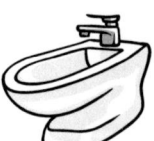

биде

bidet

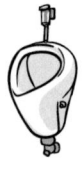

писоар

pisoar

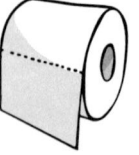

тоалетна хартия

toaletni papir

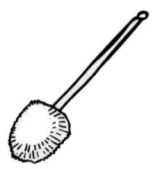

четка за тоалетна

četka za toalet

четка за зъби

četkica za zube

паста за зъби

pasta za zube

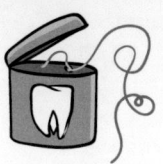

конец за зъби

konac za zube

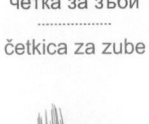

мия

prati

ръчен душ

tuš ručica

интимен душ

tuš za pranje intimnih delova

леген

lavor

четка за гръб

četka za pranje leđa

сапун

sapun

душ гел

gel za tuširanje

шампоан за вана

šampon

гъба за баня

krpa za pranje

сифон

odvod

крем

krema

дезодорант

dezodorans

огледало

ogledalo

козметично огледало

kozmetičko ogledalo

ръчна самобръсначка

brijač

пяна за бръснене

pena za brijanje

одеколон за след
бръснене
losion za posle brijanja

гребен

češalj

четка

četka

сешоар

fen za kosu

спрей за коса

sprej za kosu

грим

makeup

червило

ruž za usne

лак за нокти

lak za nokte

памук

vata

ножица за нокти

makaze za nokte

парфюм

parfem

тоалетна чантичка

kozmetička torbica

табуретка

stolica

везна

vaga

хавлия

ogrtač

домакински ръкавици

rukavice za čišćenje

тампон

tampon

дамски превръзки

uložak

химическа тоалетна

hemijski toalet

детска стая
dečija soba

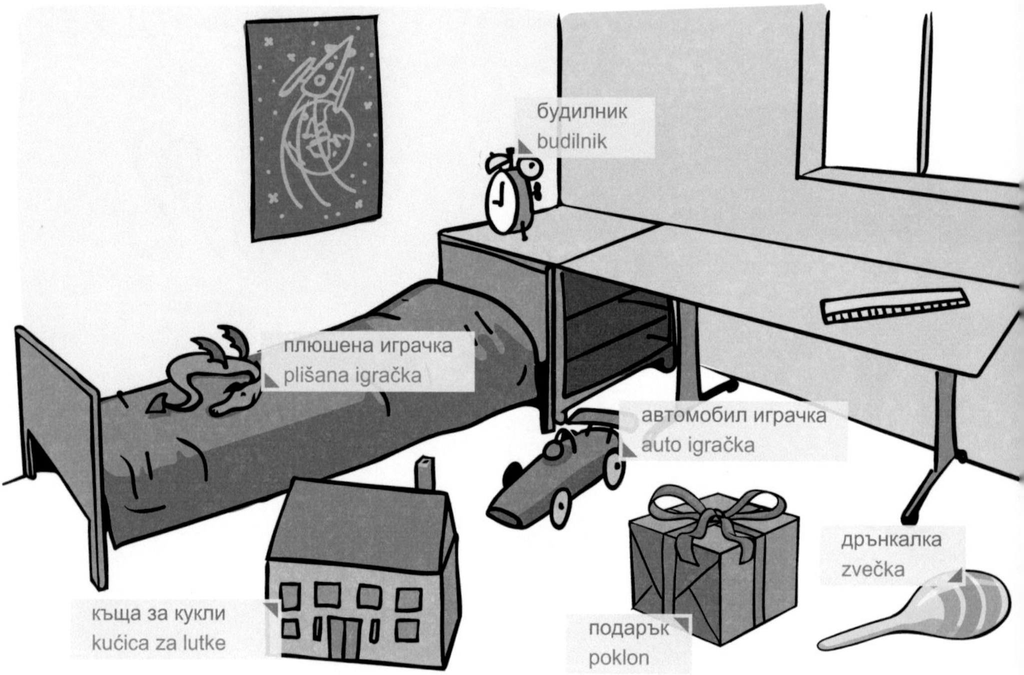
будилник
budilnik
плюшена играчка
plišana igračka
автомобил играчка
auto igračka
дрънкалка
zvečka
къща за кукли
kućica za lutke
подарък
poklon

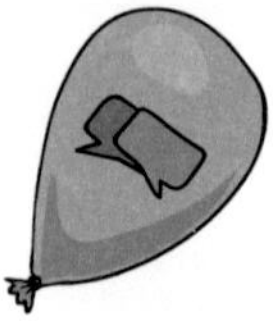

балон

balon

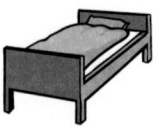

легло

krevet

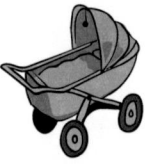

детска количка

dječija kolica

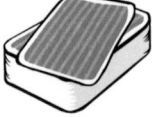

игра на карти

igra s kartama

пъзел

slagalica

SUPER
MEGA

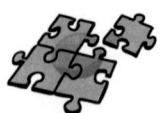

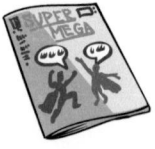

комикс

strip

лего елементи

lego kockice

строителни елементи

kockice za slaganje

екшън фигурка

akcioni junak

бебешки гащеризон

benkica za bebe

фрисби

frizbi

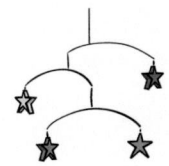

бебешки играчки за легло

viseće igračke

настолна игра

društvene igre

зарче

kocka

миниатюрно влакче

minijaturna željeznica

биберон

duda

парти

zabava

детска книга с илюстрации

slikovnica

топка

lopta

кукла

lutka

играя

igrati

пясъчник

pješčanik

люлка

ljuljačka

играчка

igračka

игрова конзола

konzola za igre

велосипед с три колелета

tricikl

плюшено мече

tedi

гардероб

ormar

облекло

odeća

къси чорапи

kratke čarape

дълги чорапи

čarape

чорапогащник

hulahopke

шал
šal

колан
kaiš

чадър
kišobran

Т-шърт
majica

ботуши
čizme

пантофи
papuče

гуменки
patike

сандали

sandale

обувки

cipele

гумени ботуши

gumene čizme

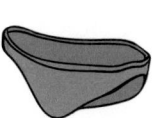

слип

gaćice

сутиен

grudnjak

долна блуза

potkošulja

облекло - odeća

45

боди

bodi

панталон

pantalone

дънки

farmerke

пола

suknja

блуза

bluza

риза

košulja

пуловер

džemper

суичър

džemper s kapuljačom

блейзър

sako

яке

jakna

палто

kaput

дъждобран

kabanica

костюм

kostim

рокля

haljina

булчинска рокля

venčanica

костюм

odelo

нощница

spavaćica

пижама

pidžama

сари

sari

кърпа за глава

marama za glavu

тюрбан

turban

бурка

burka

кафтан

kaftan

абая

abaja

бански костюм

kupaći kostim

плувни шорти

kupaće gaćice

къс панталон

kratke pantalone

анцуг

odeća za trening

престилка

kecelja

ръкавици

rukavice

копче

dugme

очила

naočare

гривна

narukvica

верижка

ogrlica

пръстен

prsten

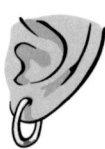

обеца

naušnica

каскет

kapa

закачалка

vešalica

шапка

šešir

вратовръзка

kravata

цип

patent zatvarač

каска

kaciga

тиранти

naramenice

ученическа униформа

školska uniforma

униформа

uniforma

лигавник

podbradak

биберон

duda

пелена

pelena

офис
kancelarija

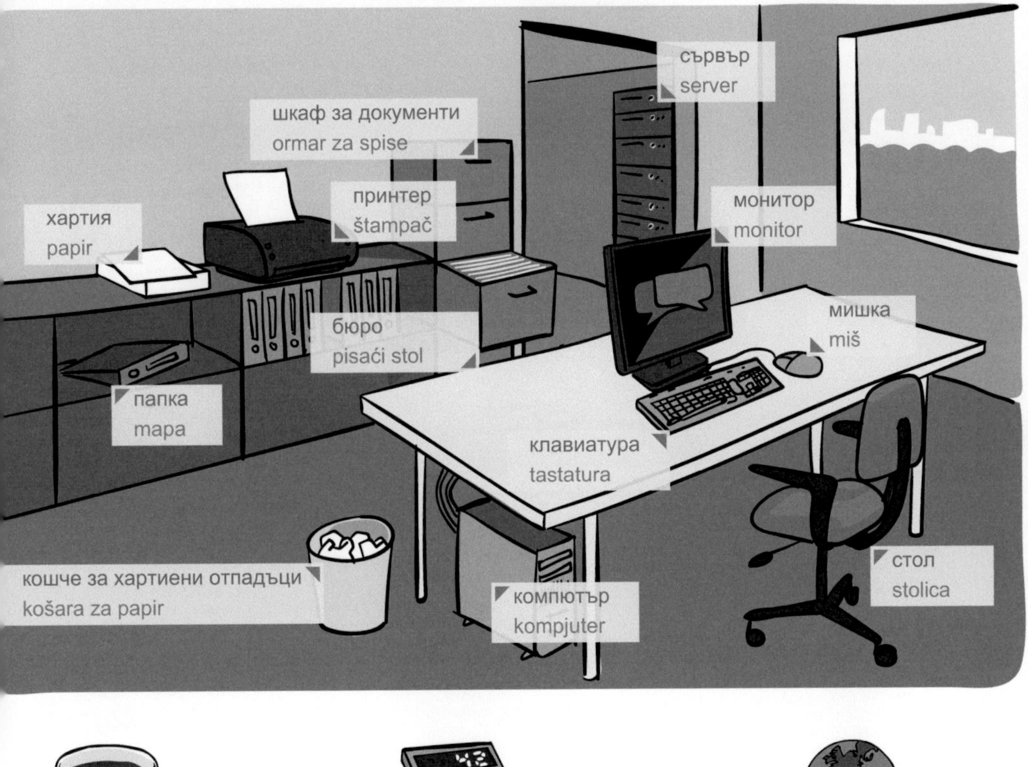

сървър
server

шкаф за документи
ormar za spise

принтер
štampač

монитор
monitor

хартия
papir

мишка
miš

бюро
pisaći stol

папка
mapa

клавиатура
tastatura

кошче за хартиени отпадъци
košara za papir

стол
stolica

компютър
kompjuter

чаша за кафе

šalica za kavu

джобен калкулатор

kalkulator

интернет

internet

лаптоп

laptop

писмо

pismo

съобщение

poruka

мобилен телефон

mobilni telefon

мрежа

mreža

ксерокс

uređaj za kopiranje

софтуер

softver

телефон

telefon

контакт

utičnica

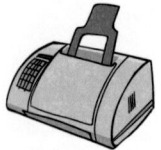

факс

faks

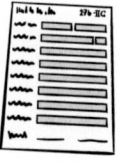

формуляр

formular

документ

dokument

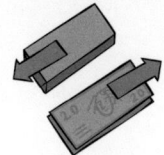

купувам

kupovati

плащам

platiti

търгувам

trgovati

пари

novac

долар

dolar

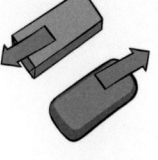 

евро

evro

йена

jen

рубла

rublja

швейцарски франк

švajcarski franak

ренминби юан

renmindbi juan

рупия

rupija

банкомат

automat za novac

обменно бюро

menjačnica

злато

zlato

сребро

srebro

нефт

nafta

енергия

energija

цена

cena

договор

ugovor

данък

porez

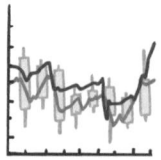

акция

deonica

работя

raditi

служител

službenik

работодател

poslodavac

фабрика

fabrika

магазин за цветя

prodavnica

професии
zanimanja

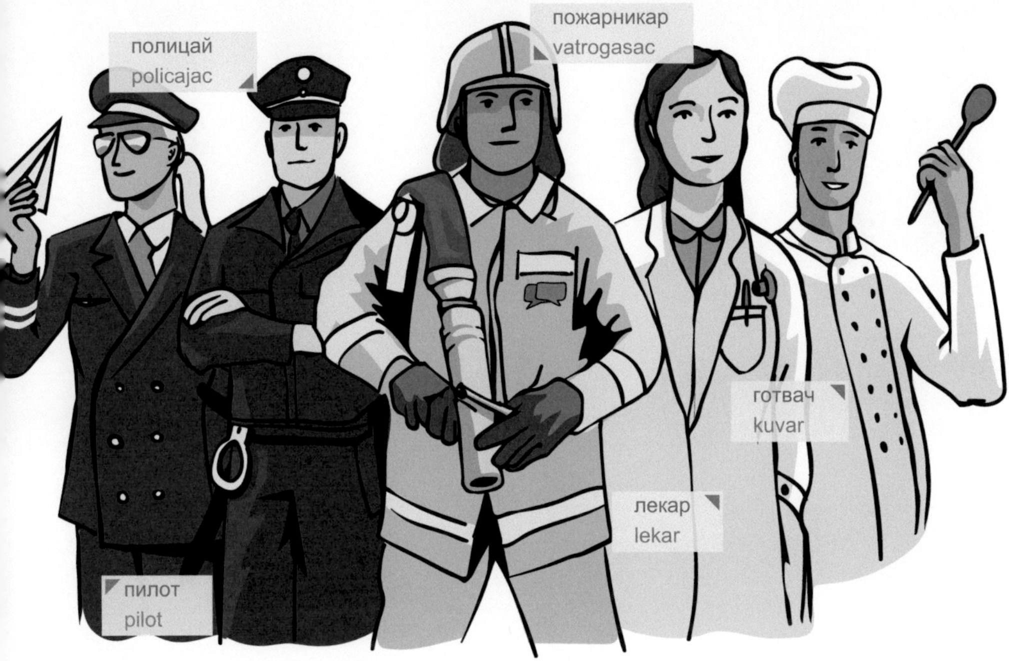
полицай
policajac
пожарникар
vatrogasac
готвач
kuvar
лекар
lekar
пилот
pilot

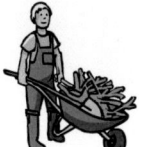

градинар

vrtlar

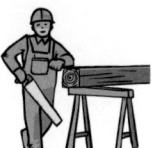

мебелист

stolar

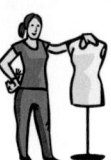

шивачка

krojačica

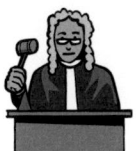

съдия

sudija

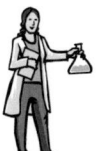

химик

hemičar

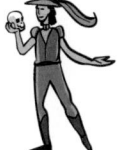

артист

glumac

шофьор на автобус

vozač autobusa

шофьор на такси

vozač taksija

рибар

ribar

чистачка

čistačica

майстор на покриви

krovopokrivač

келнер

konobar

ловец

lovac

художник

slikar

хлебар

pekar

електротехник

električar

строителен работник

građevinski radnik

инженер

inženjer

касапин

mesar

тенекеджия

limar

пощальон

poštar

войник

vojnik

архитект

arhitekta

касиер

blagajnik

цветар

cvećar

фризьор

frizer

кондуктор

kondukter

механик

mehaničar

капитан

kapetan

зъболекар

zubar

научен работник

naučnik

равин

rabi

имàм

imam

монах

monah

свещеник

svećenik

инструменти

alati

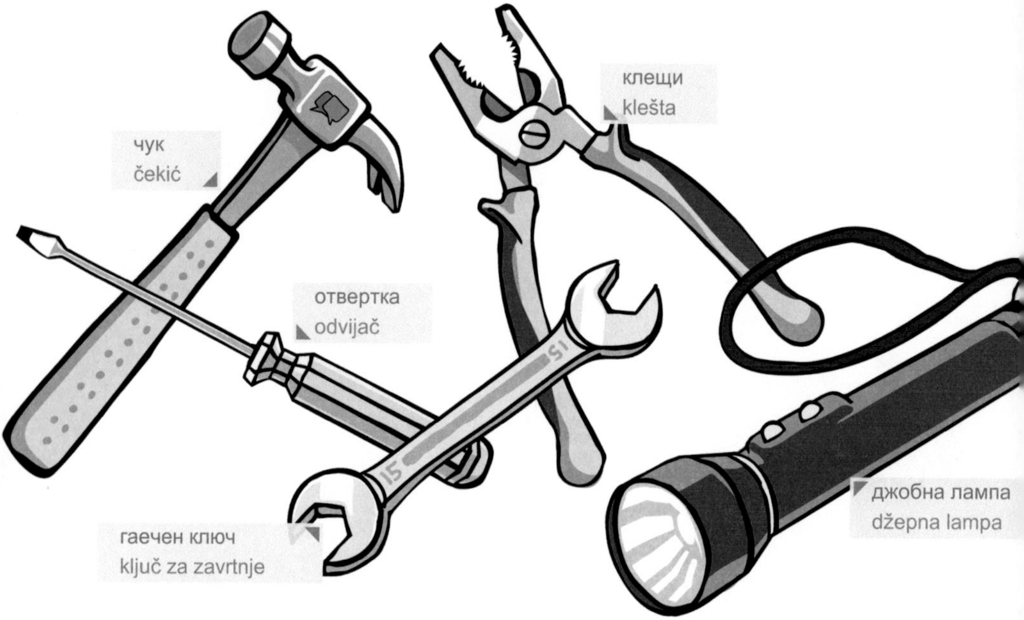
клещи
klešta
чук
čekić
отвертка
odvijač
джобна лампа
džepna lampa
гаечен ключ
ključ za zavrtnje

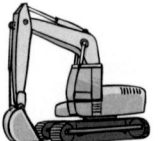

багер

bager

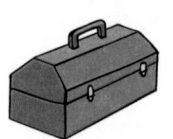

кутия за инструменти

kutija za alat

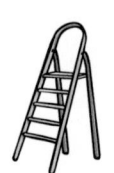

стълба

merdevine

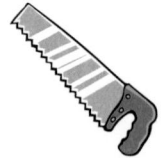

трион

pila

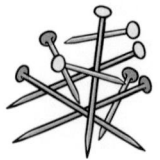

пирони

ekser

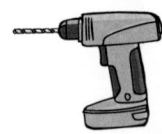

бормашина

bušilica

ремонтирам

popraviti

лопата

lopata

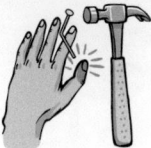

По дяволите!

do đavola!

лопатка за смет

lopatica

кутия за боя

lonac za boju

болтове

zavrtanji

музикални инструменти
muzički instrument

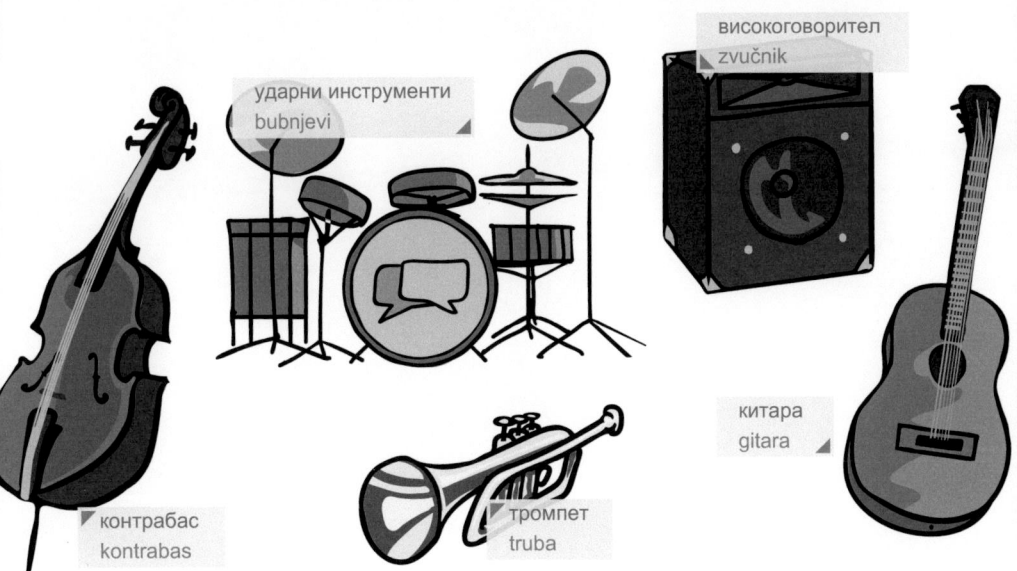

ударни инструменти
bubnjevi

високоговорител
zvučnik

китара
gitara

контрабас
kontrabas

тромпет
truba

пиано

klavir

виолина

violina

контрабас

bas

тимпан

timpani

барабан

udaraljke za bubnjeve

електрическо пиано

tipke klavira

саксофон

saksofon

флейта

flauta

микрофон

mikrofon

зоологическа градина

zoološki vrt

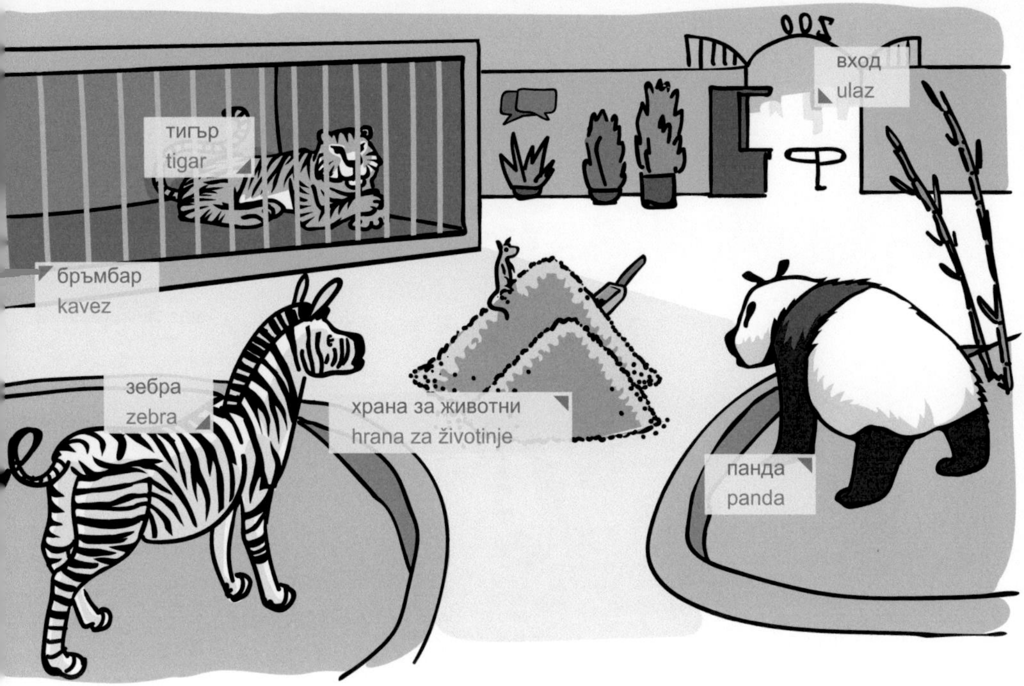

вход
ulaz
тигър
tigar
бръмбар
kavez
зебра
zebra
храна за животни
hrana za životinje
панда
panda

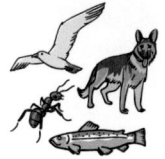

животни

životinje

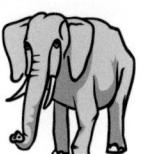

слон

slon

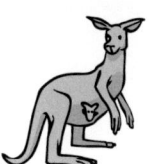

кенгуру

kengur

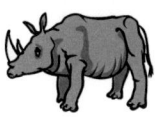

носорог

nosorog

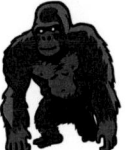

горила

gorila

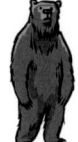

мечка

medved

камила

kamila

щраус

noj

лъв

lav

маймуна

majmun

фламинго

flamingo

папагал

papagaj

бяла мечка

polarni medved

пингвин

pingvin

акула

ajkula

паун

paun

змия

zmija

крокодил

krokodil

пазач в зоологическа
градина

čuvar u zoološkom vrtu

тюлен

tuljan

ягуар

jaguar

пони

poni

леопард

leopard

хипопотам

nilski konj

жираф

žirafa

орел

orao

диво прасе

divlja svinja

риба

riba

костенурка

kornjača

морж

morž

лисица

lisica

газела

gazela

американски футбол
američki nogomet

колоездене
biciklizam

тенис
tenis

баскетбол
košarka

плуване
plivanje

бокс
boks

хокей на лед
hokej na ledu

футбол
fudbal

бадминтон
badminton

лека атлетика
atletika

хандбал
rukomet

ски бягане
skijanje

поло
polo

дейности
aktivnosti

смея се
smejati se
скачам
skočiti
прегръщам
zagrliti
вървя
ići
пея
pevati
сънувам
sanjati
моля се
moliti se
целувам
poljubiti

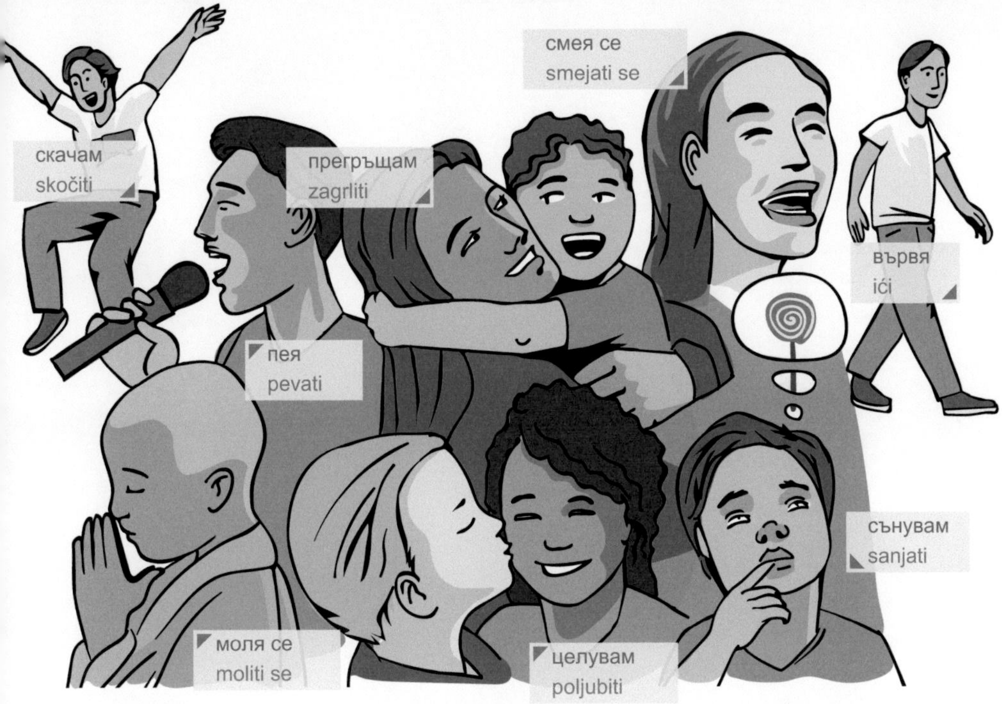

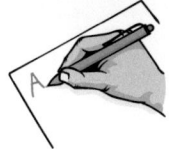

пиша
pisati

рисувам
crtati

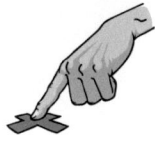

показвам
pokazati

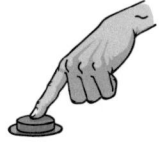

бутам
gurati

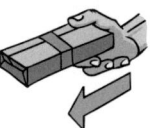

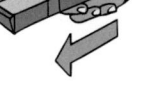

давам
dati

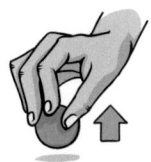

взимам
uzeti

имам

imati

правя

činiti

съм

biti

стоя

stojati

тичам

trčati

дърпам

povlačiti

хвърлям

baciti

падам

padati

лежа

ležati

чакам

čekati

нося

nositi

седя

sediti

обличам

oblačiti

спя

spavati

събуждам се

probuditi se

разглеждам

gledati

плача

plakati

милвам

milovati

реша се

češljati

говоря

govoriti

разбирам

razumeti

питам

pitati

слушам

slušati

пия

piti

ям

jesti

разтребвам

pospremiti

обичам

voleti

готвя

kuhati

карам автомобил

voziti

летя

leteti

плавам (с платна)

ploviti

смятане

računati

чета

čitati

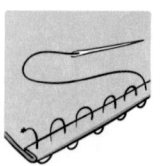

уча

učiti

работя

raditi

женя се

venčati se

шия

šiti

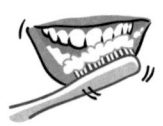

измивам си зъбите

prati zube

убивам

ubiti

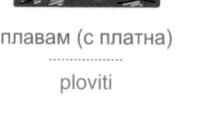

пуша

pušiti

изпращам

poslati

семейство

porodica

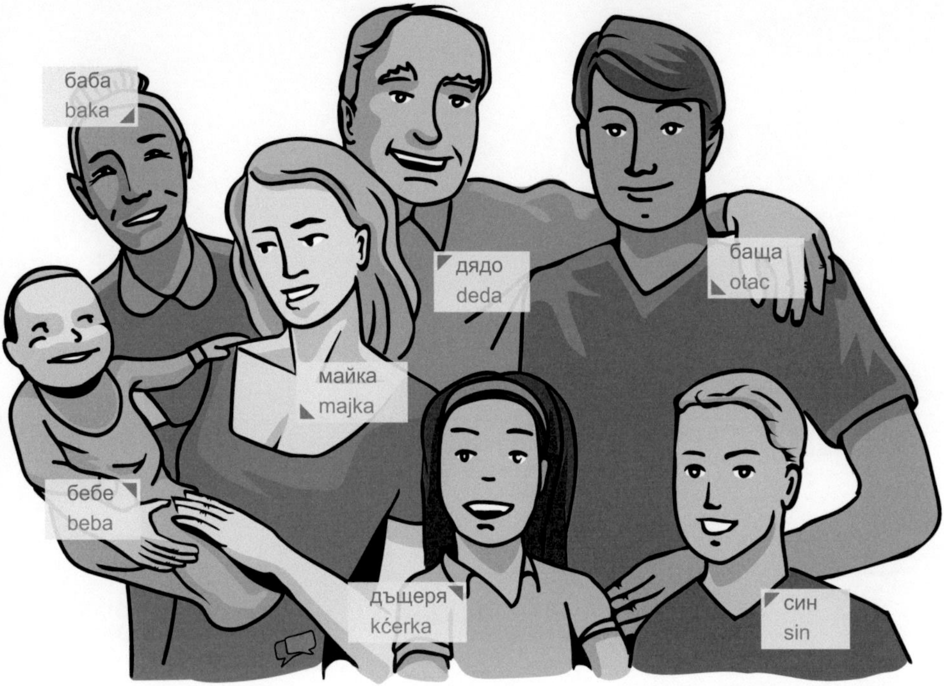
баба
baka
дядо
deda
баща
otac
майка
majka
бебе
beba
дъщеря
kćerka
син
sin

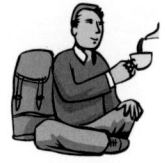

посетител

gost

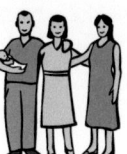

леля

tetka

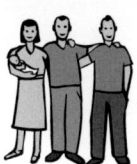

чичо

ujak, stric

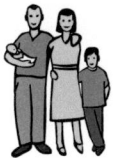

брат

brat

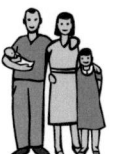

сестра

sestra

тяло

telo

чело
čelo
око
oko
рамо
rame
пръст
prst
лице
lice
брадичка
brada
ръка
ruka
крак
noga
гърди
grudi
ръка
ruka

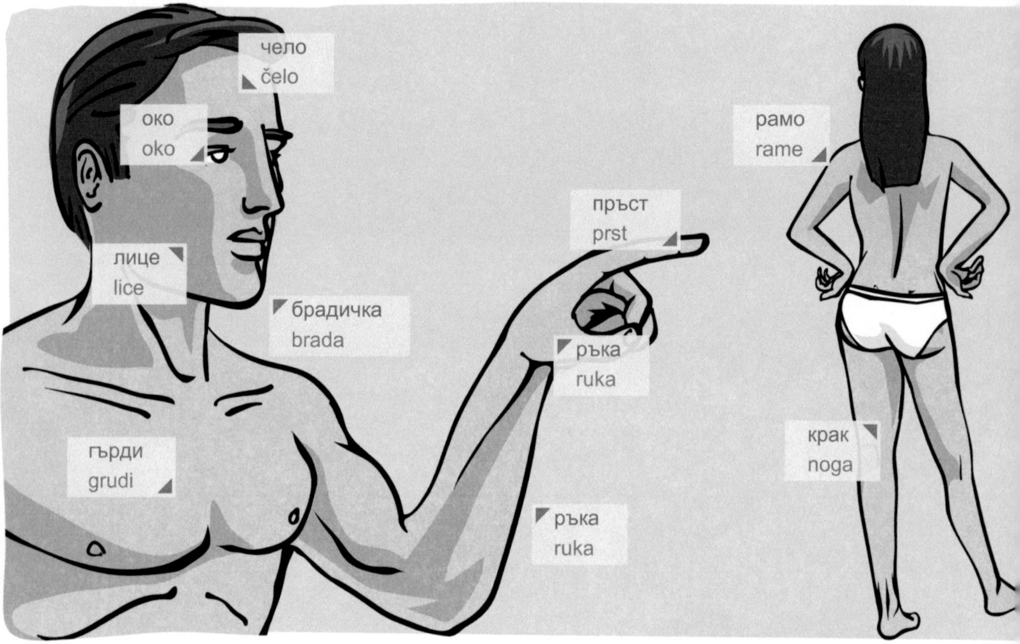

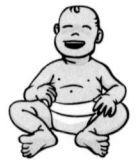

бебе

beba

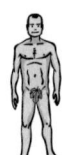

мъж

muškarac

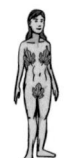

жена

žena

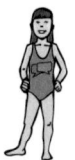

момиче

devojčica

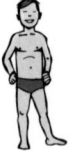

момче

dečak

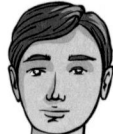

глава

glava

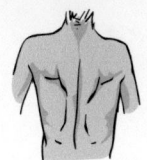

гръб

leđa

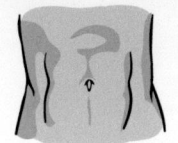

корем

stomak

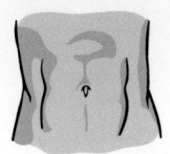

пъп

pupak

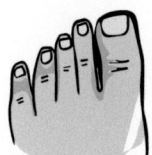

пръст на крака

nožni prst

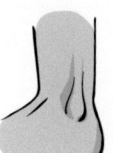

пета

peta

кост

kost

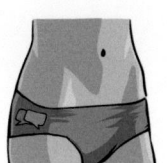

хълбок

kukovi

коляно

koleno

лакът

lakat

нос

nos

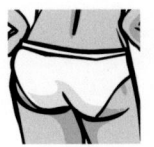

седалище

zadnjica

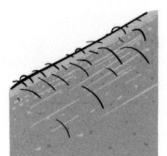

кожа

koža

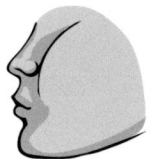

буза

obraz

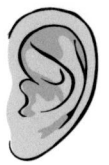

ухо

uvo

устна

usna

уста

usta

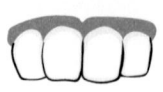

зъб

zub

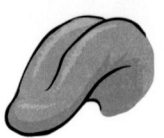

език

jezik

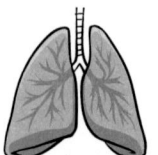

мозък

mozak

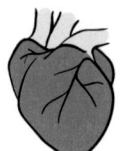

сърце

srce

мускул

mišić

бял дроб

pluća

черен дроб

jetra

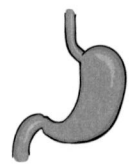

стомах

želudac

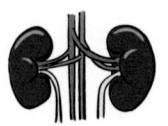

бъбреци

bubrezi

полово сношение

polni odnos

кондом

kondom

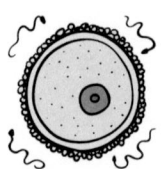

яйцеклетка

jajna ćelija

сперма

sperma

бременност

trudnoća

70   тяло - telo

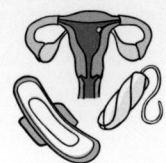

менструация
menstruacija

вагина
vagina

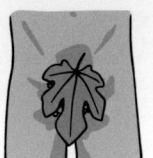

пенис
penis

вежда
obrva

коса
kosa

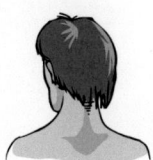

шия
vrat

болница
bolnica

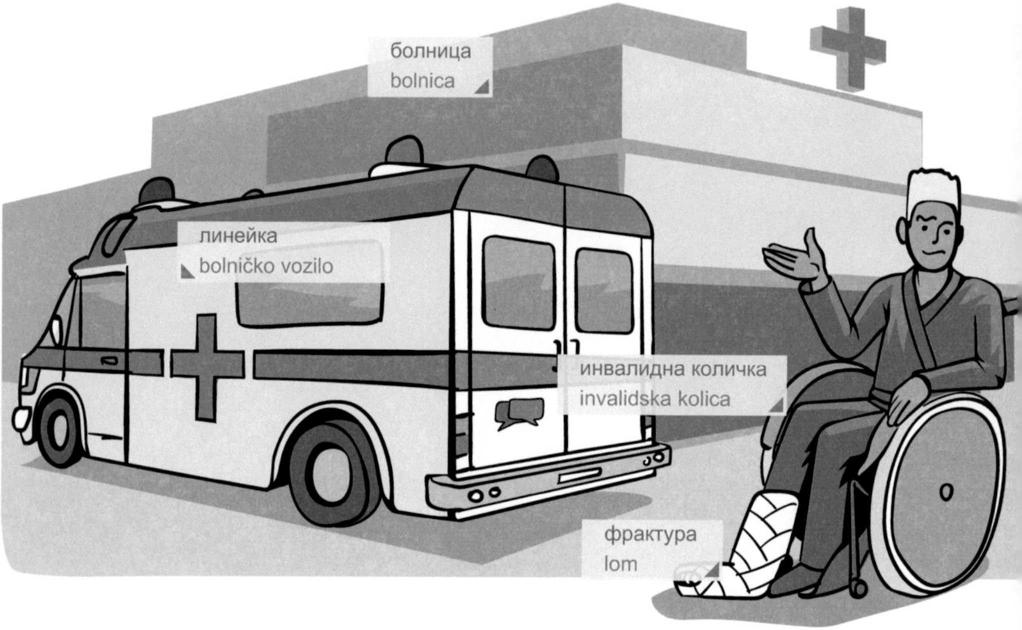

болница
bolnica
линейка
bolničko vozilo
инвалидна количка
invalidska kolica
фрактура
lom

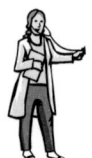

лекар

lekar

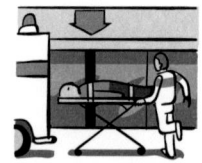

спешна хоспитализация

hitna medicinska služba

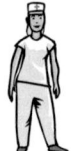

медицинска сестра

medicinska sestra

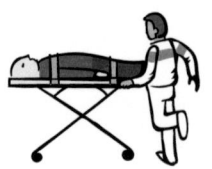

спешен случай

hitni slučaj

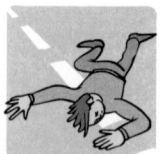

в безсъзнание

nesvest

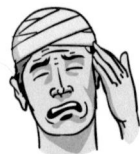

болка

bol

нараняване

povreda

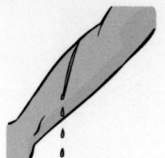

кървене

krvarenje

инфаркт

srčani udar

инсулт

udar

алергия

alergija

кашлица

kašalj

температура

groznica

грип

gripa

диария

proliv

главоболие

glavobolja

рак

rak

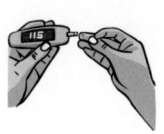

диабет

dijabetes

хирург

hirurg

скалпел

skalpel

операция

operacija

болница - bolnica

компютърна томография

ct

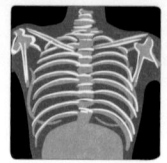

рентген

rentgen

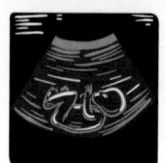

ултразвук

ultrazvuk

маска

maska

болест

bolest

чакалня

čekaona

патерица

štaka

пластир

flaster

превръзка

zavoj

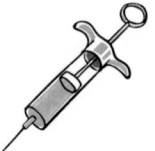

инжекция

injekcija

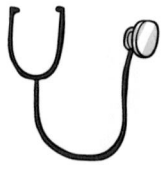

стетоскоп

stetoskop

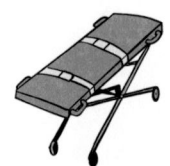

носилка

nosila

термометър

termometar

раждане

rođenje

наднормено тегло

prekomerna težina

слухов апарат

slušni aparat

дезинфекционно средство

sredstvo za dezinfekciju

инфекция

infekcija

вирус

virus

HIV / AIDS

HIV / AIDS

медицина

medicina

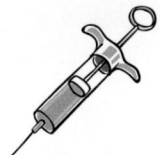

ваксинация

vakcinacija

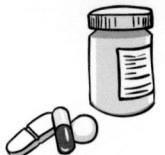

таблети

tablete

противозачатъчна
таблетка
pilula

спешно телефонно
обаждане
hitni poziv

апарат за измерване на
кръвното налягане

uređaj za merenje pritiska

болен / здрав

bolesno / zdravo

Помощ!

pomoć!

сигнал за тревога

alarm

нападение

nasrtaj

атака

napad

опасност

opasnost

аварien изход

izlaz u slučaju nužde

Пожар!

požar!

пожарогасител

protivpožarni aparat

злополука

nezgoda

комплект за оказване на
първа помощ

kutija prve pomoći

SOS

sos

полиция

policija

Европа

Evropa

Северна Америка

Severna Amerika

Южна Америка

Južna Amerika

Африка

Afrika

Азия

Azija

Австралия

Australija

Атлантически океан

Atlantik

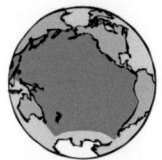

Тихи океан

Pacifik

Индийски океан

Indijski okean

Южен ледовит океан

Antarktički okean

Северен ледовит океан

Arktički ocean

Северен полюс

Severni pol

Южен полюс

Južni pol

Антарктида

Antarktik

Земя

zemlja

суша

zemlja

море

more

остров

otok

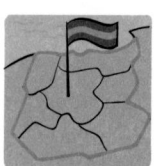

нация

nacija

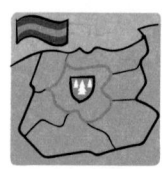

държава

država

78

Земя - zemlja

циферблат

brojčanik sata

стрелка на часовете

satna kazaljka

стрелка на минутите

minutna kazaljka

стрелка на секундите

sekundna kazaljka

Колко е часът?

Koliko je sati?

ден

dan

време

vreme

сега

sada

дигитален часовник

digitalni sat

минута

minuta

час

čas

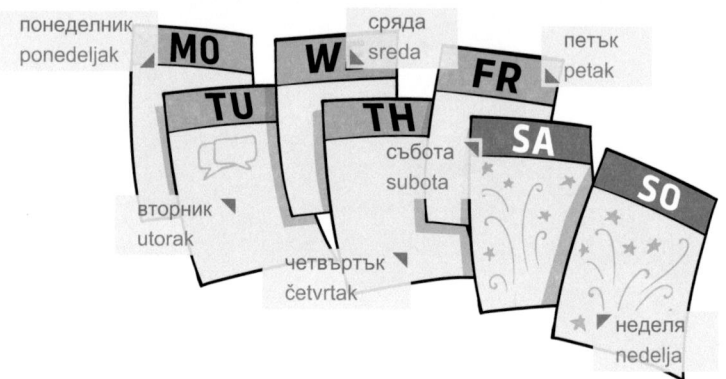

понеделник
ponedeljak

сряда
sreda

петък
petak

вторник
utorak

събота
subota

четвъртък
četvrtak

неделя
nedelja

вчера

juče

днес

danas

утре

sutra

сутрин

jutro

обед

podne

вечер

veče

MO	TU	WE	TH	FR	SA	SU
1	2	3	4	5	6	7
8	9	10	11	12	13	14
15	16	17	18	19	20	21
22	23	24	25	26	27	28
29	30	31	1	2	3	4

работни дни

radni dani

MO	TU	WE	TH	FR	SA	SU
1	2	3	4	5	6	7
8	9	10	11	12	13	14
15	16	17	18	19	20	21
22	23	24	25	26	27	28
29	30	31	1	2	3	4

уикенд

vikend

година

godina

дъжд
kiša
дъга
duga
вятър
vetar
сняг
sneg
пролет
proleće
лято
leto
есен
jesen
зима
zima

4.APRIL 11°
5.APRIL 4°
6.APRIL 13°
7.APRIL 8°
8.APRIL 10°

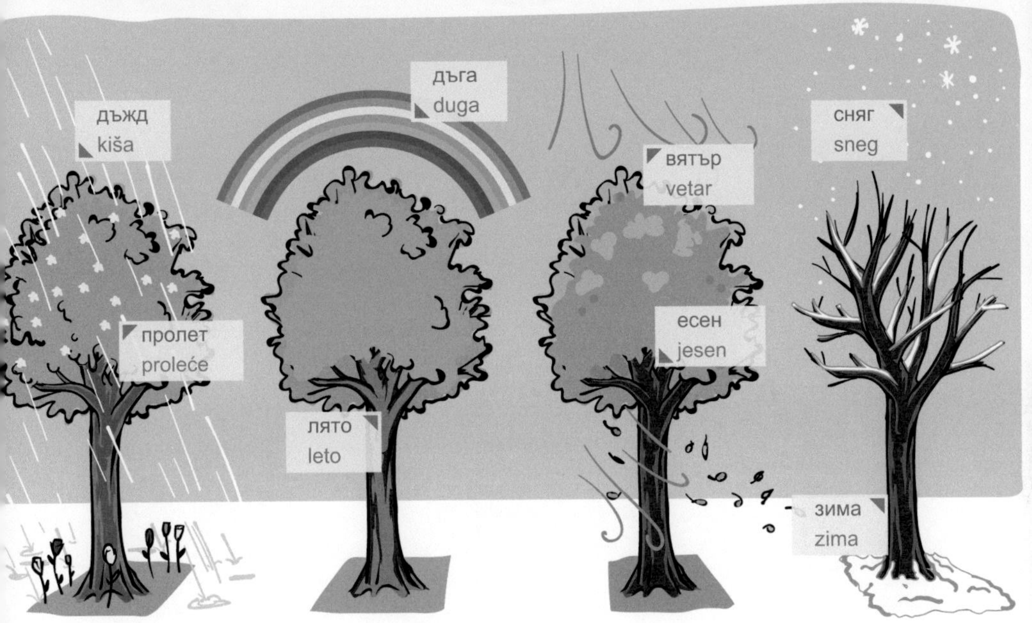

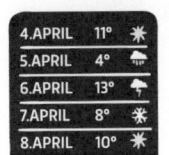

прогноза за времето

meteorološka prognoza

F C
120 40
90 30
60 20
30 10
0 0
-30 -10
-20

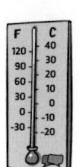

термометър

termometar

слънчева светлина

sunčana svetlost

облак

oblak

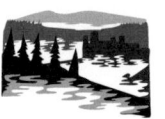

мъгла

magla

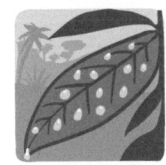

влажност на въздуха

vlažnost vazduha

светкавица

munja

гръмотевица

grmljavina

буря

oluja

градушка

tuča

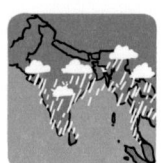

мусон

monsun

наводнение

poplava

лед

led

януари

januar

февруари

februar

март

mart

април

april

май

maj

юни

juni

юли

juli

август

avgust

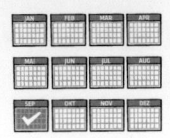

септември
....
septembar

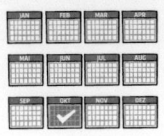

октомври
....
oktobar

ноември
....
novembar

декември
....
decembar

кръг
....
krug

квадрат
....
kvadrat

четириъгълник
....
pravougao

триъгълник
....
trougao

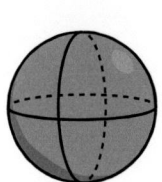

сфера
....
kugla

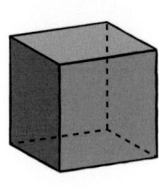

куб
....
kocka

бял

bela

жълт

žuta

оранжев

narandžasta

розов

ružičasta

червен

crvena

лилав

ljubičasta

син

plava

зелен

zelena

кафяв

smeđa

сив

siva

черен

crna

много / малко

mnogo / malo

ядосан / спокоен

ljutito / mirno

красив / грозен

lepo / ružno

начало / край

početak / kraj

голям / малък

veliko / maleno

светъл / тъмен

svetlo / tamno

брат / сестра

brat / sestra

чист / мръсен

čisto / prljavo

пълен / непълен

potpuno / nepotpuno

ден / нощ

dan / noć

мъртъв / жив

mrtvo / živo

широк / тесен

široko / usko

ядлив / неядлив

jestivo / nejestivo

сърдит / любезен

zlo / dobro

развълнуван / скучаещ

uzbuđeno / dosadno

дебел / тънък

debelo / mršavo

най-напред / най-накрая

na početku / na kraju

приятел / враг

prijatelj / neprijatelj

пълен / празен

puno / prazno

твърд / мек

tvrdo / mekano

тежък / лек

teško / lagano

глад / жажда

glad / žeđ

болен / здрав

bolesno / zdravo

нелегален / легален

ilegalno / legalno

интелигентен / глупав

pametno / glupo

ляво / дясно

levo / desno

близо / далече

blizu / daleko

нов / употребяван

novo / polovno

нищо / нещо

ništa / nešto

стар / млад

staro / mlado

вкл. / изкл.

uključeno / isključeno

отворен / затворен

otvoreno / zatvoreno

тих / силен (звук)

tiho / glasno

богат / беден

bogato / siromašno

правилен / погрешен

tačno / pogrešno

грапав / гладък

hrapavo / glatko

тъжен / щастлив

tužno / sretno

дълъг / къс

kratko / dugo

бавен / бърз

polako / brzo

мокър / сух

mokro / suho

топъл / студен

toplo / hladno

война / мир

rat / mir

0

нула

nula

1

едно

jedan

2

две

dva

3

три

tri

4

четири

četiri

5

пет

pet

6

шест

šest

7

седем

sedam

8

осем

osam

9

девет

devet

10

десет

deset

11

единадесет

jedanaest

12

дванадесет

dvanaest

13

тринадесет

trinaest

14

четиринадесет

četrnaest

15

петнадесет

petnaest

16

шестнадесет

šestnaest

17

седемнадесет

sedamnaest

18

осемнадесет

osamnaest

19

деветнадесет

devetnaest

20

двадесет

dvadeset

100

сто

stotinu

1.000

хиляда

hiljadu

1.000.000

милион

milion

английски

engleski

американски английски

američki engleski

китайски мандарин

mandarinski kineski

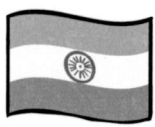

хинди

hindski

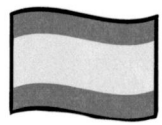

испански

španski

френски

francuski

арабски

arapski

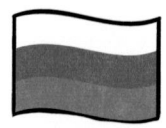

руски

ruski

португалски

portugalski

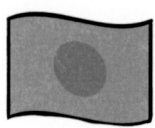

бенгалски

bengalski

немски

nemački

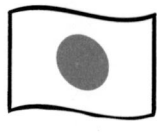

японски

japanski

аз
ja

ти
ti

той / тя / то
on / ona / ono

ние
mi

вие
vi

те
oni

кой?
Ko?

какво?
Šta?

как?
Kako?

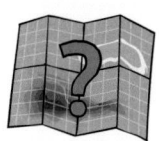

къде?
Gde?

кога?
Kada?

име
ime

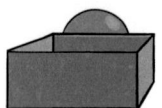

зад

iza

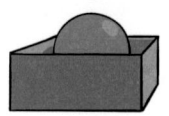

в

u

пред

ispred

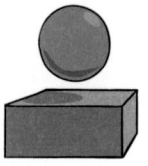

над

preko

върху

na

под

ispod

до

pored

между

između

място

mesto